Vermögensaufbau mit Immobilien ohne Eigenkapital

Wie Sie ohne Eigenkapital unbegrenzt Immobilienvermögen aufbauen

Claus-Peter Traut

2018

Inhaltsverzeichnis

Haftungsausschluss

Die Inhalte dieses E-Books wurden mit großer Sorgfalt erstellt. Für die Richtigkeit, Vollständigkeit und Aktualität der Inhalte kann ich jedoch keine Gewähr übernehmen.
Die in diesem E-Book zur Verfügung gestellten Inhalte sind sorgfältig erarbeitet, decken aber nicht die komplette Breite von Möglichkeiten bei der Immobilienfinanzierung ab.
Der Autor dieses Buches ist kein Finanzberater.
Die bereitgestellten Informationen und Inhalte des E-Books dienen zur Unterhaltung und der allgemeinen unverbindlichen Unterstützung des Ratsuchenden.
Sie stellen insbesondere nur die persönlichen Erfahrungen und Meinungen des Autors dar. Es wird keine juristische Verantwortung oder Haftung übernommen, sollte eine Immobilienfinanzierung nach den hier vorgestellten Möglichkeiten für den Leser, nicht realisierbar sein.

Einleitung

Ich gratuliere Ihnen zum Erwerb dieses Buches und bedanke mich bei Ihnen, dass Sie mir Ihr Vertrauen schenken. Ich weiß, dass der Titel sehr hochgestochen und provozierend klingt, trotzdem ist genau das möglich, wenn die Voraussetzungen stimmen und man den Willen und die Beharrlichkeit besitzt, auch in schwierigen Situationen, ein Ziel nicht aus den Augen zu verliert. Das Thema rund um Immobilien zum Vermögensaufbau ist so breit gefächert, dass dafür meiner Meinung nach ein Buch nicht ausreicht. Deswegen ist der Markt auch voll mit guten Büchern und Ratgebern. Damit dieses Buch ein kurzer, informativer Ratgeber wird, der sich nur auf eine Sache konzentriert, nämlich den Vermögensaufbau mit Immobilien ohne Eigenkapital, werde ich auf den folgenden Seiten auch nur über dieses Thema schreiben. Ich werde auf andere Themen wie die steuerlichen Vorteile und Kniffe, die es zu beachten gilt oder worauf Sie bei Besichtigungen der Objekte achten sollten, um zu erkennen, ob es sich bei manchen Immobilien um ein lohnendes Invest handelt, nicht näher eingehen. Da gibt es viele andere Bücher, die ein viel breiteres Spektrum abdecken. Am Ende werden Sie einige Buchempfehlungen von mir finden, die mir auf meinem Weg zum Immobilieninvestor sehr geholfen haben. Hier in diesem Ratgeber geht es nur darum, wie Sie mit wenig oder am besten ganz ohne Eigenkapital ein Immobilienvermögen aufbauen können. Ich glaube, ich kann Ihnen mit diesem Ratgeber ein paar praktikable Wege aufzeigen, wie Ihnen dieses gelingen kann, so wie es mir und meiner Frau gelungen ist.

Ich möchte aber eines gleich am Anfang klarstellen. Wenn Sie kein festes Einkommen haben, bzw nur ein Einkommen als Single von 1400 Euro netto bzw. als Familie 2000 Euro netto, dann kann es schwierig werden. Außerdem sollten Sie, wenn Sie als Angestellter oder Arbeiter beschäftigt sind, einen unbefristeten Arbeitsvertrag haben. Sollten Sie Selbstständig sein, dann fordern die meisten Banken die Bilanzen bzw. Einkommensteuerbescheide der letzten drei Jahre. Aber selbst, wenn Sie nicht alle Voraussetzungen erfüllen, gibt es Möglichkeiten. Doch machen wir uns klar, je höher jetzt ihr monatliches Einkommen im Verhältnis zu Ihren Ausgaben und Belastungen ist, umso leichter wird es sein, dieses Vorhaben erfolgreich zu starten.

Zu Beginn möchte ich ihnen berichten wie ich überhaupt zu dem Thema Immobilienfinanzierung ohne Eigenkapital gekommen bin. Meine Frau und ich beschäftigen uns schon lange mit dem Thema "passives Einkommen". In den letzten Jahren haben wir uns verschiedene passive Einkommensströme aufgebaut. Dazu gehören stabile Einkommen im Network Marketing, sowie Einkommen durch

Affiliate Marketing, kindle ebook publishing, durch dividendenstarke Aktien und durch Vermietungen. Bei den Einkommensquellen im Network Marketing, ebook publishing und beim Affiliate Marketing liegt es an unserer vorher geleisteten Arbeit, wie hoch das Einkommen ist bzw. werden kann. Bei den Immobilien und Aktien waren wir am Anfang auf unser Eigenkapital angewiesen und deswegen im Wachstum gedeckelt, da wir die Möglichkeiten, ohne Eigenkapital Immobilien oder Aktien zu kaufen, noch nicht kannten. Bei Aktien gibt es in der Regel für Otto-normal-bürger nicht die Möglichkeit Aktien zu kaufen und nur 10% selbst zu bezahlen und der Rest wird von der Bank finanziert. Dafür ist die Geldanlage in Aktien den Bank zu riskant und spekulativ. Wenn Sie Aktien kaufen und diese länger in Ihrem Depot halten wollen, um die jährliche Dividendenzahlung zu erhalten, dann müssen Sie in der Regel am Tag des Kaufes der Aktien, die aktuellen Preis mal Stückzahl plus Kaufgebühren bezahlen. Bei Immobilien ist die 100 % Finanzierung selten ein Problem. Man braucht nur ausreichend Kapital für die Kaufnebenkosten und eine gute Bonität.

Als wir anfingen, uns mit dem Thema Eigentumswohnungen als Kapitalanlage zu beschäftigen, hatten wir kein privates Kapital in Form von Cash zu Verfügung, sondern mehrere kleine Kredite laufen, die uns monatlich 250 Euro gekostet haben und alle zusammen eine Kreditsumme von 16.500 Euro betrugen. Wie wir trotzdem, mit diesen nicht gerade vorteilhaften Voraussetzungen unsere ersten Immobilien finanziert bekommen haben, erzähle ich Ihnen in einem späteren Kapitel. Unsere Wohnungen haben wir bisher alle komplett inklusive aller Kaufnebenkosten finanziert. Am Anfang unserer Immobilienkarriere haben wir andere Wege genutzt, um Fremdkapital zu bekommen, als wir das jetzt machen, da wir immer mehr Erfahrungen sammeln und dazulernen durften. Nachdem unser Know-how immer größer wurde, konnten wir uns fast jede rentable Wohnung leisten bzw kaufen, die wir als attraktives Investment sahen und erwerben wollten. Diese Erfahrungen und Möglichkeiten, die meine Frau und ich im Laufe der Zeit kennengelernt haben, möchte ich Ihnen im Verlaufe dieser Broschüre aufzeigen. Ich hoffe, dass die ein oder andere Möglichkeit auch für Sie umsetzbar ist und Sie sich ein enormes Immobilienvermögen aufbauen können.

Auf den nächsten Seiten werden Sie hoffentlich für sich viele interessante Informationen erhalten. Ich wünsche Ihnen viel Spaß beim Lesen.

Die richtige Einstellung

Wenn Sie sich entscheiden in den Vermögensaufbau mit Immobilien einzusteigen, dann möchte ich Ihnen hier verdeutlichen, was das bedeutet und was auf Sie zukommen kann.
Es hört sich gut an, wenn jemand erzählt "Ich habe 30 Mietwohnungen und ich lebe davon". Aber was es bedeutet und welche Arbeit dahinter steckt, diese Wohnungen zu einem rentablen Preis, am besten mit wenig oder ohne Eigenkapital, zu erwerben, können Sie noch nicht wissen, verehrter Leser, wenn Sie nicht schon selbst einige Wohnungen Ihr Eigen nennen können.
Wenn Sie sich entscheiden, diesen Weg zu gehen, dann werden viele Termine, Gespräche, Verhandlungen und zum Teil auch Verzweiflungen Ihren Weg pflastern. Banker werden Ihre Kreditwünsche nicht erfüllen wollen, da dieses Unterfangen ja doch in deren Augen sehr risikoreich ist. Sie werden sich vielleicht viele Banken von innen ansehen müssen, um an Ihr Ziel zu gelangen. Es werden im Laufe der Zeit Mieter ihre Miete nicht zahlen oder im schlimmsten Fall eine total heruntergekommene und renovierungsbedürftige Wohnung hinterlassen. Sie werden sich ärgern und fragen, warum Sie sich das antun.

Ich bin aber davon überzeugt, wenn Sie dieses Ziel, ein Vermögen mit Immobilien aufzubauen, vor Augen haben und sich an die groben Spielregeln halten, dann können Sie es auch schaffen, sich mit Immobilien ein Vermögen aufzubauen und finanziell gesehen, ein schöneres und entspannteres Leben genießen. Sie müssen sich aber im Klaren darüber sein, dass Sie, um an dieses Ziel zu gelangen, viele Gespräche, viele Besichtigungen und evtl. auch einige Rückschläge durch nicht bewilligte Finanzierungen und unangenehme Mieter ertragen müssen. Lassen Sie sich dadurch nicht entmutigen. Halten Sie an Ihrem Ziel fest und gehen Sie mit einer positiven und professionellen Einstellung an dieses Projekt. Seien Sie beharrlich und lassen Sie sich von Rückschlägen nicht entmutigen. Es werden Rückschläge kommen, aber die dienen dazu, um Erfahrungen zu sammeln. Wenn etwas nicht so funktioniert wie geplant,heißt es, den Plan in eine andere Richtung zu lenken. Hauptsache, Sie verlieren Ihr großes Ziel, vermögend durch Immobilien, nicht aus dem Fokus. Wege und Lösungen gibt es immer!

Warum so wenig Eigenkapital wie möglich?

Ich möchte Ihnen hier an einem Beispiel veranschaulichen, warum die Finanzierung mit so wenig Eigenkapital wie möglich so wichtig für den Vermögensaufbau ist.
Herr Klein und Herr Groß haben beide 50.000 Euro erspart und möchten das Geld in Eigentumswohnungen anlegen. Es gibt in der Stadt ein Mehrfamilienhaus mit 20 identischen Zweizimmerwohnungen die alle 60m² groß sind und für 100.000 € verkauft werden sollen. Die Wohnungen sind alle für 500 € kalt vermietet.
Herr Klein, denkt dass er sich zu hoch verschulden würde, wenn er nicht sein ganzes Erspartes investieren würde. Deswegen investiert er seine kompletten 50.000 Euro in die Wohnung. Die Gesamtkosten für den Kauf betragen 100.000 € Kaufpreis plus 6.500 € Grunderwerbsteuer, da die Wohnung in Schleswig-Holstein liegt. Für den Notar und die Grundbucheintragung kommen nochmal 2.500 Euro dazu und leider ist auch noch ein Makler dabei, der 6 % also 6.000 Euro bekommt. In der Summe sind das dann 115.000 Euro. Herr Klein geht zu seiner Bank und beantragt einen Kredit von 65.000 Euro. Da er viel

Eigenkapital mitbringt, bekommt er einen Zins von 1,5 %. Er vereinbart eine Tilgung von 2 %. Die monatliche Rate beträgt dann ca. 190 Euro. Die Nettokaltmiete für die Wohnung beträgt 500 Euro. Die nicht umlagefähigen Kosten, die Herr Klein nicht auf seinen Mieter umlegen kann, betragen 75 Euro. So hat Herr Klein nach dem Kauf der Wohnung einen Cashflow von 235 Euro monatlich.

Herr Klein hat 50.000 Euro investiert und hat ein monatliches Plus von 235,- bzw. im Jahr 2820,- Euro. Das entspricht einer Bruttorendite von 5,64%.

Sein Freund Herr Groß denkt da ein wenig anders. Er möchte so wenig wie möglich für die Wohnung von seinem Erspartem verwenden und geht zu seiner Hausbank. Die sagt Ihm, dass er wenigstens die Kaufnebenkosten von seinem eigenem Geld bezahlen muss und die Bank Ihm den Kaufpreis zu 100 % finanzieren wird. Herr Groß entscheidet sich dazu, drei Wohnungen zu kaufen. Die Nebenkosten betragen je Wohnung, genau wie bei Herrn Klein, 15.000 Euro. Herr Groß finanziert die drei Wohnungen mit drei Krediten. Da er eine 100% Finanzierung in Anspruch nimmt, verlangt die Bank einen höheren Zins als bei Herrn Klein. Herr Groß bekommt die Darlehen zu einem Zins von 2,5% finanziert bei einer Tilgung von 2%. Die monatliche Rate je Kredit beträgt 375,-Euro. Die Nebenkosten, die Herr Groß nicht auf seine Mieter umlegen kann betragen auch 75 Euro. Das ergibt dann bei einer

Kaltmiete von 500 Euro je Wohnung einen Überschuss pro Wohnung von 50,- Euro. Bei drei Wohnungen also 150,-Euro.

Herr Groß hat nur 45.000 Euro investiert und hat ein monatliches Plus von 150,- Euro bzw. im Jahr von 1800,- Euro. Das entspricht einer Bruttorendite von genau 4,00%. Auf den ersten Blick sieht es so aus, als ob Herr Klein die bessere Entscheidung getroffen hat. Da es sich aber ja um die Bruttorenditen handelt müssen wir bedenken, dass Herr Groß einen viel höheren Zinsbetrag zahlen muss und dementsprechend auch mehr abzusetzen hat als Herr Klein. Das hier alles genau aufzuschlüsseln würde zu sehr ins Detail gehen. Es ist aber wichtig, sich zu wissen, dass die Zinsen von den Mieterträgen bei der Versteuerung gegengerechnet werden können.

Wie sieht es im Verlauf der nächsten Jahre mit Herrn Klein und Herrn Groß aus? Beide haben entschieden alle drei Jahre die Mieten um 5 % zu erhöhen. Was wirklich moderat und realistisch ist. Auch bei den nicht umlegbaren Kosten für die Wohnungen gehen wir der Einfachheit halber von einer Steigerung von 5% alle drei Jahre aus.

Das bedeutet, dass jede Wohnung, nach der ersten Mieterhöhung 525,- Miete monatlich einbringt und die monatlichen Kosten etwa 79,- Euro betragen.

Herr Klein hat nach drei Jahren dann einen monatlichen Bruttoüberschuss von 256,- Euro bei seiner Wohnung. Das sind im Jahr 3072,- Euro. Die Rendite ist dann auf sein eingesetztes Kapital von 50.000 Euro auf knapp 6,14% gewachsen.
Herr Groß bekommt auch die 525,- Euro pro Wohnung und die Kosten betragen ebenfalls 79 Euro monatlich.
Er hat nach der Mieterhöhung für alle drei Wohnungen einen Überschuss von 213,- Euro monatlich oder 2556 Euro im Jahr. Das ist eine Bruttorendite auf sein eingesetztes Kapital von 5,68%. Wir sehen jetzt schon, dass die Differenz der Renditen kleiner wird. Wie sieht es denn weitere drei Jahre später aus?
Die Mieten sind auf 551,-Euro gestiegen und die Kosten für die Wohnungen auf 83,-Euro.
Herr Klein hat jetzt monatlich einen Überschuss von 278 Euro bzw. jährlich von 3336 Euro. Das ist eine Bruttorendite von 6,67%.
Herr Groß hat jetzt für alle drei Wohnungen einen monatlichen Überschuss von 279 Euro bzw. jährlich 3348 Euro. Da Herr Groß ja nur 45.000 Euro investiert hat, ist seine Bruttorendite jetzt höher als die von Herrn Klein. Nämlich 7,44 %.
Weitere drei Jahre später, also ab der nächsten Mieterhöhung um 5% wird die Schere noch größer sein. Das können Sie unten in der Tabelle erkennen.

jährliche Rendite in Euro und Prozent

	Eigenkapital	Darlehen	in den ersten 3 Jahren	ab dem 3. Jahr	ab dem 6. Jahr	ab dem 9. Jahr
Herr Klein	50.000 €	65.000 €	2820 € 5,64 %	3072€ 6,14%	3336€ 6,67 %	3504 € 7,01 %
Herr Groß	45.000 €	300.000	1800 € 4,00%	2556 € 5,68 %	3348 € 7,44 %	3852 € 8,56 %

Über die 10 Jahre hat Herr Klein Mieteinnahmen abzüglich Zinsen und Verwaltungsgebühren von insgesamt 31.183 Euro. Bei Herrn Groß belaufen sich die Einnahmen im selben Zeitraum abzüglich aller Kosten, trotz drei Wohnungen, auf nur 26.964 €. Herr Groß hat aber vor 10 Jahren 5.000 € weniger investiert. Würde man die dazu rechnen, dann kommen beiden Herren auf ungefähr die gleiche Summe.

Betrachten wir jetzt einmal den Vermögenszuwachs der beiden Herren und hier werden wir den

Unterschied erkennen, warum die Entscheidung von Herrn Groß damals die klügere war.
Wir gehen davon aus, dass die Wohnungen sich jährlich um 1.0% im Wert gesteigert haben.
Das bedeutet, dass jede Wohnung ca 111.000 Euro wert ist.
Herr Klein hat vor 10 Jahren einen Kredit von 65.000 Euro aufgenommen, der nach 10 Jahren noch eine Restschuld von ca. 51.000 Euro aufweist. Herr Groß hat damals drei Kredite zu je 100.000 Euro aufgenommen. Das Nettovermögen von Herrn Klein beträgt jetzt 111.000 Euro Immobilienwert abzüglich der Restschuld von ca. 51.000 Euro. Das macht ein Nettovermögen von 60.000 Euro bei einem eingesetztem Kapital von 50.000 Euro. Um 10.000 Euro ist das Nettovermögen von Herrn Klein in 10 Jahren durch seine Eigentumswohnung gewachsen.
Herr Groß hat bei jedem seiner Kredite nach 10 Jahren noch eine Restschuld von 77.300 Euro. Da die Wohnungen 111.000 Euro wert sind, bedeutet das, dass jede Wohnung Herrn Klein ein Nettovermögen von 33.700 Euro bringt. Das macht bei drei Wohnungen ein Nettovermögen von 101.000 Euro bei einem eingesetztem Kapital von nur 45.000 Euro. Das Nettovermögen von Herrn Groß ist in den 10 Jahren um 56.000 Euro gewachsen. Welche Entscheidung vor zehn Jahren die bessere war, liegt im nachhinein ganz klar auf der Hand oder besser gesagt auf den Konten der beiden Herren. Herr Groß hat von Anfang an den

Vorteil gehabt, dass seine Mieter Monat für Monat, durch ihre Mietzahlungen, sein Vermögen haben wachsen lassen.

Deswegen möchte ich Ihnen gleich zu Beginn dieses Buches DEN wichtigsten Tipp beim Vermögensaufbau mit Immobilien geben: Halten Sie ihre Eigenkapitalquote so niedrig wie möglich, solange Sie ein positiven Cashflow haben. Selbst eine geringe Unterdeckung zu Beginn ist akzeptabel, wenn diese sich mit der nächsten Mieterhöhung ausgleichen lässt.

Maklergebühren in den Kaufpreis integrieren.

Wenn wir uns jetzt das Beispiel anschauen, erkennen wir sofort welche Möglichkeiten es geben kann, wenn man die Eigenkapitalquote weiter reduziert. Der Hebel wird unsere Rendite unglaublich steigen lassen.

Welche Möglichkeiten gibt es, die Eigenkapitalquote zu reduzieren?

Die meisten guten Immobilien werden über Makler angeboten. Und ein Makler kostet in der Regel zwischen 3,5 und 7% Courtage. Oft ist es aber möglich mit dem Verkäufer und dem Makler eine Regelung zu finden, dass der Verkäufer die Kosten für den Makler übernimmt und dadurch der Kaufpreis in derselben Höhe steigt. Der Nachteil davon ist natürlich, dass wir dadurch eine etwas höhere Grunderwerbsteuer und höhere Notargebühren bezahlen müssen. Die Immobilie wird also insgesamt etwas teurer. Das ist aber im Verhältnis zum eingesetzten Eigenkapital nicht wirklich erwähnenswert. So kann man ganz schnell das von der Bank geforderte Eigenkapital um mehrere tausend Euro reduzieren. Bei einer Eigentumswohnung die 100.000 € kosten soll und der Makler 6% Courtage verlangt, reduzieren wir das geforderte Eigenkapital, wenn der Verkäufer den Makler übernimmt, um fast 6.000 Euro.

Außerdem ist dies auch eine gute Verhandlungsbasis. Je nachdem, ob der Preis noch Potential nach unten hat oder ob er fair ist, gehe ich wie folgt vor:
Wenn ich den Kaufpreis senken möchte und die Wohnung soll als Beispiel 120.000 Euro kosten, dann mach ich oft folgendes Angebot: "Ich bin bereit die 120.000 zu bezahlen, aber Sie, lieber Verkäufer, bezahlen den Makler." In den meisten Fällen bin ich in so einer Situation mit dem Verkäufern und Maklern einig geworden. Wenn es sich jetzt um eine wirkliche Schnäppchenimmobilie handelt, dann leg ich auch schnell alle Karten auf den Tisch und sage, dass ich soviel wie möglich fremdfinanzieren möchte und die Bank keine Courtage mitfinanziert. Wenn ich dann vorschlage, den Kaufpreis um die Courtage zu erhöhen, werden wir uns auch schnell einig. Es kommt auch nicht selten vor, dass man die Courtage auch noch verhandeln kann. Das ist aber abhängig vom Objekt und Makler. Probieren kann man es immer, besonders bei Objekten, die auf den ersten Blick nicht besonders attraktiv für Investoren und Käufer sind und vielleicht schon seit mehreren Monaten auf dem Markt sind. Hier gilt es einfach Erfahrungen zu sammeln und mit der Zeit ein Gespür zu bekommen, welche Strategie bei welchem Objekt und Makler am besten funktioniert.

Null Euro Eigenkapital! Funktioniert das überhaupt?

Jetzt habe ich Ihnen im vorherigen Kapitel gezeigt, wie wir die Eigenkapitalquote reduzieren können. Unser Ziel ist es aber komplett unsere Immobilien inklusive aller Nebenkosten zu finanzieren und dabei langfristig einen positiven Cashflow zu haben und unser Nettovermögen stetig wachsen zu lassen. Das Nettovermögen wird wie folgt berechnet: Jegliches Vermögen in Form von Bankguthaben, Rückkaufswerten von Versicherungen, Bausparguthaben, Aktien- und Fondwerte, Immobilienwerte, Edelmetalle, Gemälde oder andere wertvolle Gegenstände und sogar der Wert der Fahrzeuge, die man besitzt, werden zusammengerechnet. Wenn diese Werte ermittelt worden sind, werden alle Darlehen und Kredite, auch die Belastungen von den Kreditkarten, abgezogen. Als wir, nachdem wir uns im Bereich finanzielle Intelligenz weitergebildet hatten, unser Nettovermögen ermittelt haben, ist uns klar geworden, dass wir eigentlich ein kleines Vermögen haben, dieses aber nicht nutzen. Wir waren, was finanzielle Intelligenz angeht, total auf dem Holzweg. Wir wirtschafteten jeden Monat nur so vor uns hin. Wir hatten zu der Zeit sogar mehrere Kleinkredite laufen, die sich in der Summe auf 16.500 Euro beliefen und unser monatliches Budget mit mehr als 250 Euro belasteten.

Wir leben mit unseren vier Kindern in einem kleinen Einfamilienhaus und die Restschuld betrug damals ca.130.000 Euro. Das Haus war zu dem Zeitpunkt aber ca. 230.000 Euro wert. Nach einem Gespräch mit unserem Mentor in unserem Network Marketing Geschäft haben wir eine Hypothek in Höhe von 50.000 Euro aufgenommen, unsere Kleinkredite getilgt und hatten somit auf einen Schlag 33.500 Euro Eigenkapital. Als Bonbon oben drauf haben wir durch den günstigeren Zins und dadurch, dass wir eine anfängliche Tilgung von 3% gewählt haben, monatlich für den neuen Kredit 40 Euro weniger gezahlt als vorher für die Kleinkredite. Mit diesen 33.500 Euro finanzierten wir uns die ersten drei Wohnungen.
Von dem Geld wurden nur Notar und Grundbuchkosten sowie die Grunderwerbsteuer bezahlt. Makler haben wir gar nicht bzw über den Kaufpreis von den finanzierenden Banken zahlen lassen.
Wenn Sie ein Eigenheim haben, egal ob ein Häuschen oder eine Eigentumswohnung und diese nicht voll mit Hypotheken belastet sind, dann ist dieses der einfachste Weg, sich günstig Kapital zu beschaffen, um ein Investment mit Immobilien zu starten. Es müssen nicht 50.000 Euro sein, wenn einem die Summe zu hoch ist. Aber bei niedrigeren Summen verlangen die Banken oft noch höhere Zinsaufschläge.
Sollten Sie selbst noch kein Eigenheim haben, dann gibt es eventuell in der Familie Immobilien, die Sie

mit der Zustimmung Ihrer Besitzer beleihen dürfen. Ich denke da speziell an Oma´s Häuschen oder die Wohnung der Eltern. Meistens sind die Immobilien der Generation 60+ komplett abbezahlt und es ist kein Problem, diese zu beleihen. Sie müssen nur die Besitzer dazubringen, Ihnen und Ihrem Vorhaben zu vertrauen. Natürlich muss Ihnen dieser Gefallen auch etwas wert sein. Wenn es sich nicht gerade um das Haus der Eltern handelt, die Sie bei Ihrem Vorhaben gerne unterstützen, sondern um die Immobilie von jemandem, der Ihnen nicht ganz so nahesteht, sollten Sie demjenigen einen Zins für die Grundschuld zahlen. Ich denke, dass 3-5% für beide Seiten fair ist. Gleichzeitig müssen Sie dann noch die Zinsen und Tilgung an die Bank bezahlen.
Wenn es dann mit der Eigenkapitalbeschaffung durch eine Hypothek auf eine bestehende Immobilie geklappt hat, ist natürlich bei der späteren Renditeberechnung diese monatliche Rate (Zinsen +Tilgung an die Bank und evtl. Zinsen an den Immobilienbesitzer für die Grundschuld) mit zu berücksichtigen.
Beim Vermögensaufbau mit Immobilien ist dieses eine einfache und auch gängige Möglichkeit, um die ersten Schritte ins Immobiliengeschäft zu vereinfachen, wenn man selbst kein Kapital zur Verfügung hat.
Sollte es, aus welchen Gründen auch immer, mit dem Beleihen einer Immobilie zur Kapitalbeschaffung nicht klappen, finden sich wie auf den nächsten Seiten beschrieben, andere Wege.

Guten Freunden gibt man doch einen Kredit!

Um sich schnell und unkompliziert Geld zu besorgen, damit die Kaufnebenkosten gezahlt werden können, kann man kurzfristig einen Privatkredite aufzunehmen. Diese Art der Kapitalbeschaffung ist deswegen so sympathisch, weil Sie dann auf Ihrem Konto Kapital haben und Ihr Banker nur sieht, dass Geld da ist. Bei einem Privatkredit gibt es keine Grundbuch oder Schufaeintragung und die monatliche Rate können Sie evtl auch bar zahlen. Bei Privatkrediten kommen aber meistens nur Personen in Frage, die man aus dem engeren Umfeld kennt, wie gute Freunde und Familienmitglieder. Hier sollte darauf geachtet werden, dass die monatliche Rate nicht zu hoch ist und der ganze Rahmen überschaubar bleibt. Auch wenn es ein Geschäft mit Familienangehörigen oder guten Freunden ist, sollte alles in einem Vertrag festgehalten werden. Ein weiterer Vorteil bei dieser Kapitalbeschaffung ist, dass die Rückzahlung und Tilgung des Darlehens in der Regel schneller vonstatten geht als ein Annuitätendarlehen der Bank. Das bedeutet, wenn wir annehmen, dass das Darlehen bei Ihrem Bruder 8.000 Euro betrug und es wurde ein Zins von 4%

festgelegt, dass Sie bei einer Rate von 150,- Euro dieses dann in weniger als fünf Jahren zurückgezahlt haben. Die Rate von 150 Euro belastet am Anfang Ihren Cashflow und dieser wird wahrscheinlich dadurch auch nicht positiv sein, aber nach fünf Jahren wendet sich das Blatt dramatisch zum Positiven. Wenn sich die Darlehensgeber darauf einlassen, kann die Rate auch reduziert und die Laufzeit dementsprechend verlängert werden. Dadurch, dass Privatdarlehen mit Personen vereinbart werden, zu denen man in der Regel ein gutes bis freundschaftliches Verhältnis hat, wird die Verhandlung über die Konditionen lockerer als mit der Bank verlaufen. Um aber gerade dies besagte gute Verhältnis mit den privaten Kreditgebern nicht zu gefährden, rate ich dringend zu einem schriftlichen Kreditvertrag!

Konsumentendarlehen

Eine weitere Option, um Eigenkapital für die Kaufnebenkosten vorzuweisen, ist, einen Kleinkredit aufzunehmen. Dieses sollten Sie meiner Meinung nach nur machen, wenn die Immobilie, die

Sie erwerben möchten, einen guten Ertrag abwirft und ein Schnäppchen ist. Außerdem sollte der Kredit schon eine Zeit lang vor der geplanten Immobilienfinanzierung abgeschlossen worden sein, damit Ihr Banker sieht, dass diese Kreditrate schon einige Zeit ohne Probleme von Ihnen geleistet werden kann, ohne dass Sie bisher in finanzielle Schwierigkeiten geraten sind.

Kleinkredite sind zur freien Verfügung und Sie können das Geld verwenden, ohne der kreditgebenden Bank Rechenschaft ablegen zu müssen. Dieser Kleinkredit ist selbstverständlich Ihrer Bank, die Ihnen dann die Eigentumswohnung finanziert, in der Selbstauskunft offenzulegen. Es ist eine einfache aber keine optimale Option, das Geld für Notar- und Gerichtskosten, Makler und Grunderwerbsteuer auf schnelle und unkomplizierte Weise zu erhalten. Auch hier müssen die monatlichen Raten in Ihrer Kalkulation berücksichtigt werden.

Bis zu 115 % von der Bank

Eine weitere und wahrscheinlich auch die Möglichkeit, an die Sie zuerst gedacht haben, ist die Bank, die Ihre Eigentumswohnung finanzieren soll, auf eine Finanzierung, die den Kaufpreis und alle Kaufnebenkosten einschließt, anzusprechen. Leider ist es so, dass es für die Banken seit der Finanzkrise 2008 strengere Auflagen gibt und deswegen viele Banken eine derartige 115%-Finanzierung überhaupt nicht mehr anbieten. Es gibt aber noch einige Banken, die 115%- Finanzierungen mit ihren Kunden vereinbaren, sich aber diese auch mit einem erhöhten Zinsaufschlag bezahlen lassen. Wenn es sich um ein attraktives Objekt handelt und Sie schnell eine Entscheidung brauchen, der Cashflow und die anderen Kennzahlen stimmen, dann kann es sinnvoll sein, diesen Weg der 115%-Finanzierung mit nur einer Bank zu gehen. Eine noch detailliertere Kalkulation und Abwägung anderer Möglichkeiten sollte dieser Finanzierung jedoch vorausgehen. Nur mit einem gewissen Standing bei Ihrer Bank ist es überhaupt wahrscheinlich, eine 115%-Finanzierung zu erhalten. Das heißt, dass Sie am besten dort schon länger Kunde sind, Ihren Kreditrahmen nie überzogen haben und einfach ein Kunde sind, auf dessen Wort sich Ihr Banker bisher

und natürlich auch in Zukunft immer verlassen kann.
Es gibt aber auch Banken, die sich darauf spezialisiert haben, nur die Kaufnebenkosten zu finanzieren. Die lassen sich die Darlehenssumme im Grundbuch nachrangig im dritten oder vierten Rang eintragen. Das bedeutet, sollte es aus welchen Gründen auch immer, zu einer Zwangsversteigerung kommen, bekommt zuerst die Bank Geld aus dem Erlös der Versteigerung, die den Kaufpreis finanziert hat und wenn noch was übrig bleibt, die Bank, die die Kaufnebenkosten finanziert hat. Auch diese Banken lassen sich das Risiko der nachrangigen Grundbucheintragung mit höheren Zinsen bezahlen, aber nur auf die relativ geringe Summe der Kaufnebenkosten und nicht auf den ganzen Kaufpreis, wie im vorherigen Beispiel. Das macht die Finanzierung in der Regel in dieser Form günstiger, als wenn man die komplette 115% Finanzierung über eine Bank und ein Darlehen abschließen würde. Eine Bank, die sich auf die Finanzierung der Kaufnebenkosten spezialisiert hat, ist die Hanseatic Bank.

Partner finden

Eine weitere Möglichkeit, die Sie in Erwägung ziehen sollten, um Immobilien zu erwerben, ohne Ihr eigenes Eigenkapital zu belasten, ist der Weg über eine Investorengemeinschaft. Gerade bei Geschäften, bei denen es um größere Summen geht, ist das eine gängige Praxis in der Branche. Es gibt zahlreiche Investoren, die Partnerschaften für geschäftliche Unternehmungen suchen. Oft sind Kapitalanleger vielbeschäftigte Geschäftsleute, die wenig Zeit haben. Wenn diese sich überlegen, ihr Geld in Immobilien zu investieren, dann heuern sie einen Makler an, der für die Investoren auf die Suche geht. Und dafür bekommt dieser seine Courtage. Ihr Angebot an potentielle Investoren, mit denen Sie eventuell zusammen ein Mehrfamilienhaus kaufen wollen, könnte sein, dass Sie das passende Objekt suchen und viele Dinge, die sonst der Makler machen würde, im Vorwege erledigen und klären. Es kann aber auch sein, dass Ihnen der Besitzer einer größeren Baufirma einen Kredit gibt, damit Sie das Mehrfamilienhaus kaufen können. Im Gegenzug bekommt die Baufirma den Auftrag das Mehrfamilienhaus zu sanieren oder zu renovieren. Das ist der Vorteil, den der Investor hat, von dem ich oben gerade schrieb. Erstens bekommt er für sein Darlehen, das er Ihnen gegeben hat,

Zinsen und zum Zweiten hat er sich einen lukrativen Auftrag gesichert.
Eine weitere Option kann sein, dass Sie sich auf eine Region konzentrieren, in der sich ihr zukünftiger Partner noch gar nicht auskennt und Sie ihn von den Vorteilen und Chancen dieses Objektes und der Region überzeugen.
Mit einem finanzstarken Partner an Ihrer Seite bekommen Sie bei einer halbwegs rentablen Immobilie immer ein Darlehen zur Finanzierung.

Wie finde ich Partner?

Diese Frage ist berechtigt. Wenn Sie aus einer ganz anderen Branche als dem Banken und Immobiliensektor kommen, dann haben Sie höchstwahrscheinlich noch nicht die nötigen Kontakte. Die gilt es mit der Zeit aufzubauen. Deswegen empfehle ich, dass Sie mit Menschen über Ihre Ideen und Planungen sprechen. Erzählen Sie es Ihrem Boss und auch den Kollegen und auch Ihrem Friseur. Denn Menschen kennen Menschen und vielleicht hat Ihr Friseur einen Kunden, der gerne in Immobilien investieren möchte, aber weiß noch nicht wie und wo. Kollege Zufall, den es in meinen Augen nicht gibt, wird Sie schon zu einem Partner bringen, wenn Sie sich wirklich auf die Suche machen. Verfolgen Sie nur Ihr Ziel und verlieren Sie es nicht aus den Augen. Da so eine Partnerschaft in meinen Augen erst der zweite oder dritte Schritt ist, um im Immobiliengeschäft seine

Erfahrungen zu sammeln, werden Sie vorher schon die eine oder andere Eigentumswohnung auf anderen Wegen finanziert und gekauft haben. Dabei werden Sie viele Menschen kennengelernt haben. Sie werden mit vielen Maklern, Bankern und auch den einen oder anderen Notar zu tun haben und mit denen können Sie über Ihr Vorhaben sprechen. Besonders die Makler haben ein großes Netzwerk. Wenn Sie mit denen über Ihr Vorhaben sprechen, ist es gut möglich, dass diese Ihnen interessante Kontakte mit Investoren herstellen werden.
Ich nehme gerne einen selbständigen Finanz- bzw. Kreditvermittler für meine Finanzierungen in Anspruch. Ich habe die Erfahrung gemacht, dass diese Berufsgruppe sich etwas mehr Mühe bei etwas komplizierteren Finanzierungen gibt. Der Bankangestellte, der zwar auch seine Ziele erfüllen muss, aber doch nicht so direkt profitiert wie der selbstständige Vermittler, ist meiner Erfahrung nach nicht immer bestrebt die Finanzierung zu bewilligen. Das liegt aber oft auch an den strengen Regeln einzelner Banken. Die freien Vermittler sind normalerweise flexibler. Ein Motivationsgrund, auch schwierigere Finanzierungen durchzuboxen, ist die Tatsache, dass der selbstständige Vermittler von der darlehensgebenden Bank, eine Provision in Höhe von 1-2% der Darlehenssumme bekommt. Diese freien, selbstständigen Vermittler haben, genau wie die Makler, ein riesiges Netzwerk. Gehen Sie davon aus, dass er Ihnen helfen werden, gute Objekte und

Partner zu finden. Das tut der Vermittler nicht ganz ohne Eigennutz. Denn jede vermittelte Partnerschaft zu einem Investor oder zu einem attraktiven Objekt steigert seine Chance auf eine neue Finanzierung und somit auf die nächste Vermittlungsprovision. Haben Sie keine Scheu und sprechen Sie über Ihre Ideen. Er wird Ihnen gerne helfen wollen.

Vorhandenes Kapital nutzen, aber nicht in die Immobilie investieren!

Wenn Sie auf dem Festgeldkonto oder in Fonds oder Aktien Geld angelegt haben, das Sie theoretisch als Eigengeld für die Immobilienfinanzierung nutzen könnten, so empfehle ich, dieses Vorhaben genau zu überdenken. Es gibt Möglichkeiten dieses Geld für die Finanzierung zu verwenden, ohne dass Sie es ausgeben. Das funktioniert folgendermaßen: Wir nehmen das Beispiel von Herrn Groß. Er hat für die drei Eigentumswohnungen insgesamt 45.000 Euro für die Nebenkosten bezahlt. Wenn er stattdessen mit seiner Bank darüber verhandelt hätte, dass er die 45.000 Euro der Bank als Sicherheit gibt und diese ihm die kompletten 115% finanziert, dann hätte er immer noch das Geld. Es wäre nur erstmal für ihn nicht verfügbar, da es als Sicherung bei der Bank liegt. Wenn man so einen Deal mit der Bank macht, muss man unbedingt in den Verträgen festschreiben lassen, dass das Geld wieder frei wird, sobald das Darlehen in der Höhe, in der Jman die Sicherheiten hinterlegt hat, getilgt worden ist. Es ist dann ratsam, anfänglich eine höhere Tilgung zu leisten, um das Kapital möglichst schnell wieder frei zu bekommen, auch wenn eine schnelle Tilgung aus steuerlichen Gründen nicht unbedingt erstrebenswert ist. Das ist aber ein anderes Thema

und darauf möchte ich hier nicht weiter eingehen. Herr Groß hätte die 45.000 Euro als Sicherheit für seine Kredite hinterlegen können. Der Zins wäre derselbe geblieben wie bei der 100% Finanzierung, da die Bank die 45.000 Euro, also 15.000 je Kredit, zur Sicherheit hat.
Herr Groß müsste dann je Wohnung 115.000 Euro aufnehmen und seine monatliche Rate bei 2% Tilgung würde 431,- Euro betragen. Dazu kommen noch die 75,- Euro Kosten für Verwaltung und Rücklagen. Das bedeutet, dass Herr Groß bis zur ersten Mieterhöhung, monatlich ein Minus von 6,- Euro erwirtschaftet. Auch nach der ersten Mieterhöhung um 25 Euro sieht es nicht viel besser aus. Jedoch nach knapp sechs Jahren werden die 45.000 Euro wieder frei und Herr Groß kann damit die nächsten Finanzierungen für die nächsten Objekte absichern. Wenn Herr Groß das Geld vielleicht noch etwas früher frei bekommen möchte, dann kann er die Bank bitten, dass diese bei den Wohnungen nach drei bis vier ahren eine neue Wertfeststellung macht. In der Regel ist der Preis um 3-5% gestiegen. Das bedeutet dann, dass Herr Groß sein Geld dann wieder frei zur Verfügung hat, wenn die Restschuld der Darlehen den Wert seiner Wohnungen erreicht hat.
Dieses Thema lässt sich in ausführlichen Gesprächen mit den Bankberatern besprechen und vertraglich festlegen. Ich muss aber zugeben, dass dieser letzte Tipp von mir selbst noch nicht in der

Praxis umgesetzt wurde aber ein guter Bekannter so schon mehrere Projekte finanziert hat.

Risiken

So schön sich die oben genannten Möglichkeiten auch anhören und wie einfach das klingen mag, so sind Finanzierungen ohne Eigenkapital immer ein Risiko. Dieses sollte Ihnen bewusst sein. Denn der Kaufpreis der Immobilien spiegelt in der Regel den Wert der Immobilie wieder. Wenn man jetzt eine 110% oder sogar eine 115% Finanzierung macht, dann ist das eine Finanzierung, die nicht voll mit dem Immobilienwert gedeckt ist. Seien Sie sich bewusst: Wenn es in den ersten Jahren zu einem Verkauf oder einer Versteigerung kommen sollte, so dass der Erlös die Restschulden eventuell nicht komplett ausgleicht, kann es passieren, dass Sie auf Schulden sitzen bleiben.

Ein weiteres Risiko ist bei einer Vollfinanzierung und zu geringer Kapitalreserve, dass Sie bei unvorhersehbaren Kosten in Zahlungsschwierigkeiten kommen können(z.B. Zahlung einer Sonderumlage für eine neue Heizungsanlage oder Dachsanierung). Deswegen ist es essentiell wichtig, egal ob bei einer 115% oder einer 50% Finanzierung, am Anfang pro Eigentumswohnung 5.000-10.000 Euro als Puffer auf dem Konto frei zur Verfügung haben. Es kann immer zu Mietausfall kommen und dann muss das Darlehen weiter bedient werden oder eine

Wohnungsrenovierung muss nach dem Mieterwechsel durchgeführt werden. Je mehr Wohnungen Sie haben, umso geringer können Sie die Summe pro Wohnung ansetzen. Durch die Erhöhung der Anzahl der Mieteinheiten reduzieren Sie auch das Risiko. Obwohl natürlich die Wahrscheinlichkeit, je mehr Einheiten Sie haben, nicht eingeplante Kosten auf Sie zukommen werden, steigen. Doch dadurch, dass Sie mehrere Wohnungen haben, fällt das Risiko pro Wohnung. Dass Sie bei einer Wohnung mal Pech haben und der Mieter beim Auszug eine total renovierungsbedürftige Wohnung hinterlässt, kann schon sein. Wenn Sie aber zehn Wohnungen haben, dann wird mit ziemlich hoher Wahrscheinlichkeit nicht bei jedem Mieterwechsel eine Komplettrenovierung nötig sein. Ein Mieterwechsel allein fällt nicht so sehr ins Gewicht, sobald Sie mehrere Wohnungen haben. Die Mieteinnahmen der anderen Wohnungen sollten dann den Ausfall von einer Wohnung auffangen. Trotzdem ist es sehr wichtig, immer genügend Kapital in Reserve zu haben, um für alle Eventualitäten gewappnet zu sein. Egal ob bei einer Wohnung oder mehreren Mehrfamilienhäusern und egal ob bei einer 115 % oder 50% Finanzierung.

Herr Groß denkt noch größer!

Ich möchte Ihnen hier jetzt im letzten Kapitel noch kurz erläutern, wie viele Eigentumswohnungen Herr Groß hätte kaufen können, wenn er sich nur an ein paar Tipps aus diesem Ratgeber gehalten hätte. Als erstes hätte er mit dem Makler und den Verkäufern verhandelt, so dass die Courtage vom Verkäufer gezahlt worden wäre und der Kaufpreis auf 107.000 Euro angestiegen wäre. Das bedeutet, dass Herr Groß nur noch knapp 9.500 Euro pro Wohnung für Grunderwerbsteuer und Notarkosten von seinem Eigenkapital hätte zahlen müssen. Herr Groß ist also in der Lage, sich unter diesen Umständen von seinen 50.000 Euro also gleich fünf und nicht nur drei Wohnungen zu kaufen. Außerdem hätte Herr Groß im Idealfall noch vereinbart, dass sein Eigengeld bei der Bank auf einem Konto zur Sicherheit hinterlegt werden und die Bank die kompletten 115.000 Euro finanzieren würde. Der Vorteil bei dieser Art der Finanzierung ist, dass Herr Groß nach allerspätestens 6 Jahren seine 50.000 Euro wieder für neue Investitionen zur Verfügung hätte. Nach ein paar Jahren, wenn alles reibungslos funktioniert hat und es mit den Ratenzahlungen keine Schwierigkeiten gab, wird Herr Groß ein gern gesehener Kunde bei seiner Bank sein. Dann ist er in der Position, nach einer kompletten 115% Finanzierung zu fragen oder den

Weg über eine Bank zu gehen, die sich darauf spezialisiert hat, Kaufnebenkosten zu finanzieren. Spätestens, wenn Herr Groß diesen Weg dank seiner guten Bonität gehen kann, steht einem Immobilienvermögen im sechsstelligen Bereich nichts mehr im Wege.

Natürlich ist dieses Beispiel nur hypothetisch, trotzdem zeigt es ganz deutlich, warum so wenig Eigenkapital wie möglich zur Finanzierung von Anlageimmobilien verwendet werden sollte.

Schlusswort

Dieser Ratgeber hatte von Anfang an nicht den Anspruch eine Enzyklopädie der Immobilienfinanzierung zu sein, sondern sollte dem Leser, der wahrscheinlich Immobilien erwerben möchte, aber nicht über genügend Eigenkapital für seine Immobilienwünsche verfügt, Möglichkeiten aufzeigen.
Meiner Meinung nach sollten sich gerade in Zeiten der Ungewissheit über die Rente und der noch größeren Ungewissheit über etwaige Erträge der millionenfach abgeschlossenen Renten- und Kapitallebensversicherungen mehr Menschen mit dem Thema Immobilien als Kapitalanlage beschäftigen. Denn es gibt nur wenige Möglichkeiten, sich eine Rente aufzubauen, bei der man im Idealfall nichts bis maximal 10% des ursprünglichen Anschaffungspreises selbst eingezahlt hat. Langfristig gesehen gibt es meiner Meinung nach zum Vermögensaufbau mit Immobilien keine adäquate Alternative. Denn bei keiner anderen Anlageform gibt so viele Helfer, um Ihr Vermögen zu steigern. Der Mieter zahlt die Zinsen und die Tilgung, dadurch steigt Ihr Nettovermögen. Mieteinkünfte sind steuerpflichtig, doch den Einkünften können die Kosten für die Zinsen gegengerechnet werden und es gibt die

steuerliche Abschreibung für Abnutzung (AfA), die Ihre Steuerlast auch senkt. Und als dritter Helfer beim Vermögensaufbau steht Ihnen die Inflation zur Verfügung. Durch die haben Sie die Möglichkeit, die Mieten zu erhöhen und der Wert Ihrer Immobilien wird auch immer weiter steigen.

Ich hoffe, ich konnte Ihnen mit diese Lektüre den einen oder anderen Weg aufzeigen, der für Sie umsetzbar ist, um Ihren Vermögensaufbau mit Immobilien ohne Eigenkapital voranzutreiben.

Auf den nächsten Seiten finden Sie noch einige Empfehlungen zu Büchern, die mir sehr geholfen haben, die richtige Einstellung, sei es im beruflichen, zwischenmenschlichen oder persönlichen Bereich zu entwickeln
Diese Bücher sind meine Wegweiser, um im Leben positiv voranzugehen, in meinen unterschiedlichen Unternehmungen aktiv und erfolgreich zu sein und um im Immobiliengeschäft weiter zu wachsen. Bestimmt ist auch für Sie das ein oder andere Buch lesenswert.
Wenn Sie diesen Ratgeber als ebook lesen, dann sind meinen Empfehlungen links hinterlegt. Sollten Sie eines der Bücher, die ich empfohlen habe, kaufen, bekomme ich eine kleine Provision. Für Sie werden die Bücher dadurch nicht teurer. Sie unterstützen mich aber mit dem Kauf über meinen Link. Dafür möchte ich mich schon jetzt bedanken.

Ihr Claus-Peter Traut

Buchempfehlungen

Das erste Buch, dass ich Ihnen ans Herz legen möchte ist von
Dale Carnegie " Wie man Freunde gewinnt " Es ist eine Pflichtlektüre für alle, die sich besser mit Ihren Partnern, Kinder, Eltern, Geschäftspartnern und Kunden verstehen möchten.

Ein Klassiker, der sehr wichtig ist um finanziell zu wachsen, ist von
Napoleon Hill " Denke nach und werde Reich "
Das Buch wurde bereits mehr als 60 Millionen mal verkauft.

Ein weiteres Buch bei dem es um finanzielle Intelligenz geht ist von
T. Harv Eker So denken Millionäre

Dieses Buch war das Erste, das mich zum Nachdenken über Unternehmertum, Immobilien und passive Einkommen, gebracht hat. Von Robert Kyosaki "Rich Dad - Poor Dad"

Weitere Bücher von Robert Kyosaki,die mir besonders beim Aufbau meiner passiven Einkommen im Network Marketing geholfen haben sind "Das Geschäft des 21. Jahrhunderts" und Business School.

Welches Buch im Bereich Immobilien mein aktueller Favorit ist, wird Ihnen wahrscheinlich schon beim Lesen diese Lektüre klar geworden sein. Alex Fischer Reicher als die Geissens

Bücher, die meine hier angerissenen Finanzierungstipps vertiefen, sind unter anderem:

Geld verdienen mit Wohnimmobilien: Erfolg als privater Immobilieninvestor

ErfolgReich mit Immobilien-Investments: Die Kunst, wie Privatinvestoren mit Wohnimmobilien Geld verdienen

Erfolg mit Wohnimmobilien: So werden Sie in 6 Monaten privater Immobilieninvestor

Impressum

Claus-Peter Traut
%:
Tore Bornholdt
Glinder Weg 24a
25436 Moorrege
torebornholdt@gmail.com

29530767R00028

Printed in Poland
by Amazon Fulfillment
Poland Sp. z o.o., Wrocław